LAS FLORES ALTAS

POESÍA REUNIDA

(1978-2019)

ExLibric

NICOLÁS RAMOS

LAS FLORES ALTAS

POESÍA REUNIDA

EXLIBRIC

ANTEQUERA 2025

LAS FLORES ALTAS. POESÍA REUNIDA
© Nicolás Ramos
Diseño de portada: Dpto. de Diseño Gráfico Exlibric

Iª edición

© ExLibric, 2025.

Editado por: ExLibric
c/ Cueva de Viera, 2, Local 3
Centro Negocios CADI
29200 Antequera (Málaga)
Teléfono: 952 70 60 04
Fax: 952 84 55 03
Correo electrónico: exlibric@exlibric.com
Internet: www.exlibric.com

ISBN: 979-13-87707-41-5
Depósito Legal: MA 634-2025

Impresión: PODiPrint
Impreso en Andalucía – España

Nota de la editorial: ExLibric pertenece a Innovación y Cualificación S. L.

NICOLÁS RAMOS

LAS FLORES ALTAS

POESÍA REUNIDA

De flores y esmeraldas,
en las frescas mañanas escogidas,
haremos las guirnaldas
en tu amor floridas
y en un cabello mío entretejidas.

SAN JUAN DE LA CRUZ

Prólogo

Hablar de poesía en Antequera es evocar una estirpe, una forma de mirar el mundo desde la belleza, el rigor y la hondura. Desde el Siglo de Oro, la Escuela Antequerana —con Pedro Espinosa como su figura más visible— legó una visión lírica donde la contemplación de la naturaleza, la espiritualidad y el dominio formal se trenzaban en un estilo inconfundible. Esa tradición no es fósil, sino raíz viva. En este sentido, *Las flores altas. Poesía reunida* hunde su voz en ese mismo suelo fértil y la alza con fuerza propia hacia el cielo de la sensibilidad contemporánea.

En este volumen se reúnen versos de distintas etapas del autor, pero todos ellos dialogan con una misma fidelidad: la de buscar en la palabra la claridad del agua y el temblor de lo humano. Como en la mejor poesía clásica, hay aquí un pulso constante entre lo elevado y lo cercano, entre la forma precisa y la emoción verdadera. Ramos recoge la lección de sus predecesores —no solo Espinosa, sino también Muñoz Rojas, Claudio Rodríguez o Vicente Núñez— y la encarna con un lenguaje que respira actualidad sin renunciar a la música del verso tradicional.

La pluralidad de registros que ofrece este poemario —desde el haiku hasta el soneto, desde la elegía hasta la evocación amorosa o el juego metafísico— da cuenta de una poética consciente, pero no fría. Hay sabiduría aquí, pero también inocencia. Hay técnica, pero también asombro. Y sobre todo, hay un deseo incesante de nombrar el mundo como si fuera la primera vez: el mar, la luna, el cuerpo, la pérdida, la infancia. En síntesis, estamos ante un acto de fe en la poesía como revelación. Nicolás Ramos se suma con voz propia a la larga conversación que, desde Antequera, ha sabido hablarnos con belleza y verdad.

EDITORIAL EXLIBRIC

PREFACIO

La belleza del ángel es terrible,
he visto cómo dicen sus plegarias
en las fauces de viejos cocodrilos.
El cisne trata siempre de imitarlos
y baila con las alas desplegadas.
No hay tiempo que perder, solo bailar,
sintiendo nuestros pasos acercarse
adonde el aire presume de saber
el número de plumas regaladas
con el grito en aplauso de los ángeles.

Nicolás Ramos

AZULADA SAL

Al sueño el pecho inclino.

Lope de Vega

ARTE POÉTICA

Surge el poema sin pretenderlo.
Geometrías de la mente,
resuelto clamor, espuma,
sal impresa cantando.

CANTABA PRIMOROSA UNA AMAPOLA

A mi padre

Cantaba primorosa una amapola,
porque el viento la quería.
Era tal su amor que ni la acariciaba
por miedo a herirla.
Cantaba primorosa cuando
el duro vientre de una piedra
le quitó la vida.
Fue para siempre marcada
la piedra asesina.
Con sangre primorosa,
con lágrimas que el viento derramó
cuando triste lloraba,
cuando triste se mecía.

ATARDECERES ROJIZOS

A Carmen

Atardeceres rojizos
de un mundo infantil
me recuerdan un juego de cinco muñecas.
Yo era el padre y un trabajador.
Mientras trabajaba, preparabas la comida
con ayuda de tus cinco hijas.
Llegaba cansado de trabajar: cinco besos
sonaban en cinco caras que no decían nada.
Me ponías la comida hecha por ti:
un poco de tierra de maceta,
agua en vasitos de colores, un jazmín.

Inmerso en recuerdos

Inmerso en recuerdos
como un recuerdo más,
pienso y me duele pensar,
suspiro y me duele suspirar.
Tanto tiempo perdido
en el vacilar de la vida,
para después ser pasto
del recuerdo que se olvida.
Si al menos dejara nada...
Pasa el sol y deja
luz a la luna,
pasa la luna y deja
amor a los enamorados.
Pasaré yo y dejaré
recuerdos olvidados.

PUNTOS SUSPENSIVOS

Tú y dos son tres;
y yo cuatro
—esto me huele a bachillerato—.
Todas las faldas eran iguales
y cada una diferente,
las corbatas en el cuello
y los nudos en el pene.
Un día,
yo no llevaba corbata
y tu falda era transparente.
En el recreo huimos
entre azules durmientes.
«¿Y la clase?»,
preguntó el talle ceñido con falda.
«Con las musas se aprende latín»,
respondió el cuello abierto sin corbata.

MU

Los cuerpos
son también
olores, sabores,
buchitos, bolitas:
duchita de buchitos de bolitas.
Los cuerpos son
líquidos regios,
cráteras activas,
mercurios que se atrapan en caliente.
Cuerpos son
cumplimientos que rompen victorias.
Tú y yo
sintiendo arena ardiente,
carrera,
arada:
Big Bang de silencios abatidos.

LA CORNUCOPIA

La duda es un reflejo saliente.
Mas un espejo creando pasiones
puede parecer caliente.

POSGÓTICA

Escribo *tabla*
y, de repente,
aparece una hormiga.
¿Dónde irá orden tan negro?
Ligera, decidida, atrapada,
desaparece en el agujero.

ESCALA

Hielo resbalando
parece que se aleja.
Ahora solo podrás dibujar
lo que no he si do
re mi fa sol la.

EN LA NOCHE DE UN TÚNEL INFINITO

A Juan Alcaide de la Vega

Mi amor existe,
aunque no estés presente,
mas en ti se realiza y toma forma de beso
o labios inseparables.
Amando a solas es cuando más se ama,
aunque mires en mis ojos
y veas tu mirada,
y mis manos en tu pecho
se enreden como ramas.
Mi amor viaja en vagón aparte,
aunque lo envuelvas en la noche
de un túnel infinito.
Ya ves, no te puedo querer,
aunque te ame enloquecidamente.

LUNA EN GRANADA

La imagen siempre queda.
Queda el gesto y el perfume,
la mirada triste y serena,
las gotas de rocío…
Unas tardes violetas y frías,
un paseo por las calles,
una risa y un llanto:
la luna en el tejado.

Paradero desconocido

¿Quién eres?
Fue.
Sea.
Desbordamiento es siempre.
¿Quién conformará tu caz vacío?
Ego tiene calor.
Fuego quema. Eres de fuego.
Agua fresca. Eres de fuego.
Ya te digo, fuego, que das calor de nubes,
y es en ti, sólido fugaz
manantial puro.

FRUTA NUEVA

Sabiéndome fruto descendiente y desprendido
de un árbol redondo y cuajado,
no dejo de presentir y soñar
las tiernas yemas de mis ramas,
el tronco duro,
la raíz de mi carne.

Sola unidad se torna continuada y no sola
cuando descubre en su corazón
semillas, arboledas, fruta nueva.

LAS PALOMAS

La plaza de la Merced, la merienda, las palomas.
Los pinceles, las ciudades, las palomas.
La *rue des Grands-Augustins,*
la casa de Mougins,
las palomas.

AZULADA SAL

Málaga es descapotable,
y azulada sal
se adhiere a los pómulos de la noche.
A doscientos besos por hora se aproxima
la comisura del horizonte.
A doscientos besos por hora nada
nos detiene.
Málaga es descapotable,
y azulada sal
se adhiere a los pómulos de la noche.

TRANSPARENTE CELOSÍA

Brotan por los cimientos claras fuentes.

PEDRO ESPINOSA

No te ciñan estas palabras
de miel y melodía.
Desabrocha el poema.
Mira que su desnudo
silencioso te muestre
la misión de las flores.

Encendida oscuridad geométrica,
el caracol aguarda sin detenerse
el rugido amistoso de la Tierra.

Allí arriba, flotantes
galaxias luminosas
contonean sus redondeces,
ante la anhelosa mirada
del astrónomo paciente.

En su visita a la ciudad,
el peregrino paraguas
ingrávidos colores engarza
en el platino de la mañana.

Diminutas motitas danzan
volátiles, emocionadas;
en tierno haz, resplandecientes.

El deshielo dejó escapar,
raíces adentro,
las flores altas,
el fuego de agua.

¡Oh, Claridad, cómo te mueves!

Apareces en mí silenciosa,
de clara luz desasida.
¡Oh, potente corazón que habito!
Como un santo su celda encendida
de velitas, divinos aconteceres.

Captas, vibrante invisible,
dentro de ti transformarse,
pura vitalidad; temblor
de palabras ancestrales,
orondas, brotar nuevas.

Alta sensación, la sorpresa,
el perfume circular,
tus manos
colmadas de cerezas.

MARE

La mañana ha cumplido su promesa.

JORGE GUILLÉN

A José Antonio Muñoz Rojas

Qué feliz el niño
cuando juega en la playa.

Su mayor problema:
la ola que destruya
de su castillo de arena
la muralla.

Qué feliz el niño
cuando pisa fuerte
el charco de agua.

Su mayor problema:
la regañina
por su ropa mojada.

Qué feliz el niño
cuando es héroe
de grandes hazañas.

Su mayor problema:
la hora de ir a la cama.

Qué mar más pequeño haces de tus manos
cuando graciosa de la fuente coges agua.

Qué plateada danza se mueve y balancea
para saltar a tu marecillo de alba.

Hallé encendida una luz en tus labios
y decidido fui a apagarla.

Beso, pequeña vida que danza.

Intentando coger el mar con las manos.

Unas pisadas grabadas por poco tiempo.

Salado el cuerpo, la mirada entornada,
la cara tirante, el pelo revuelto…

Mar, tú no eres una sola ola, mar,
tú no eres la mirada única, tú
pasas y te vas quedando. Eres tiempo
con la diferencia de tu color azulado.

Tú estás ahí, mar. Y yo te quiero
más allá de la orilla, los barcos.

¡Eres tan infiel a un mismo reflejo!

Tú siempre moviéndote y bailando,
mar, taconeando en tablao tierno.

Mujer, mar,
sosiego, ira,
deseo, inmensidad.

Azules ojos,
mar azul;
ingrávido deseo
de golpear.

Cintura que baila;
barca que tímida navega.

Arena dorada,
cara serena,
orillas fértiles
de aguas inquietas;
labios que besan.

Mujer, mar,
sosiego, ira,
deseo, inmensidad.

Los mares cerrados. Él llega a nadie y decide
no decidir: viento, ráfaga, deriva, isla sola;
la playa era una roca.

Las palmeras están en Marte, calma ahora;
conformidad y rodamiento.

En un disco te veo. Los mares abiertos.

Unas manos modeladas
en espuma de aire y agua
me ciñen desnudo el torso
y al sol decididas me alzan.

No sin miedo —rumor de burbujas—
a que la sola luz me atraiga.

La luz es la farola;
la cama, el espigón,
y tú, olas que rompen
en la orilla de un hombre
con intervalos
de absoluto silencio.

Flotando ligeramente, espuma, aire.

Dos mares rojos embravecidos
de mutuo acuerdo, agua, cielo.

Se eleva la noche en suspiros
que van y vienen, viento y viento.

Tú y yo, dadivosamente.

AHORA QUE NADIE NOS VE

Para Vicente Núñez

Sin distancia ni tiempo.
CLAUDIO RODRÍGUEZ

Parecen caer gotas del cielo de los hombres.
Parece la tarde violeta aposta
y los pájaros chillones.
Parece haber un vacío enorme,
el recuerdo de un tumulto de olas.
Hombres y olas llegan al vértice de la noche.
En la ausencia más desapercibida,
unos labios se proponen no dar besos al aire.
Esta noche las estrellas comprometen su mirada,
y un cuerpo se transforma al borde del abismo.
Mirándose impasible las puntas de los pies,
decide vivir, amar los sueños.

Una hoja de hierbabuena
entre los labios sostiene.
En el soleado alféizar
posa sus manos, tímidamente,
la mujer que se asoma a la ventana.
La mujer se acaricia el cabello,
al través de la blanca camisa
arrecia la forma de su pecho:
dos melocotones encendidos
con sus dátiles negros.
La mujer que se asoma a la ventana
posa sus manos, tímidamente,
en el soleado alféizar.
Entre los labios sostiene
una hoja de hierbabuena.

Este mediodía, el jardín,
más ocupado que de costumbre,
atendía —presuroso y esmerado—
el incesante zumbido de las abejas.
Nardos, margaritas, azucenas
cimbran deleitosas, alcanzando
en dibujos de aire la vida.

Te amo más que a mi almohada o isla tierna,
único ombligo donde surjo porque sueño.
Mi sueño tiene la naturalidad de cuando miras
abstraída las cosas que interesan,
las hojas de los árboles que te encuentras,
el pentagrama encinta de las ramas,
la luz que dibuja de continuo un patio con fuente:
agua misma que sonora te nombra.

Sosegado está el mármol esta noche de verano
en que una brisa ajazminada
va recorriendo las habitaciones de la casa.
Silenciosas se elevan las paredes,
las maderas se muestran calladas
cuando un himno de emociones
llena de vacío la estancia.
Los balcones aparecen abiertos,
de par en par las ventanas,
¿adónde la brisa ajazminada?

ELEGÍA A VICENTE NÚÑEZ

Vacía y temblorosa está la playa,
y lamentándose la brisa advierte
que a punto de romper está la pena
sobre la orilla angosta de mis hombros.

Huelen las rocas a musgo y a leche,
a tristeza de sal y arena fría;
se oscurece la luz en la desdicha
y solo alumbra el faro de la muerte.

Letras de coral negro participan
que has dejado esta vida para siempre.
La noticia se adentra por mis ojos
como el pulpo buscando una hendidura.

Me invaden con sus púas los erizos
y las estrellas de mar me devoran.
En la ausencia que duele y aniquila,
yo levanto la tienda de la espera.

Ay, Vicente, Vicente, mi Vicente,
el solar de tu verbo en la hermosura
prendida al corazón que te regresa
invicto y escoltado por delfines.

HAIKUS

Palabra escrita,
corazones abiertos;
flor del cerezo.

La nube gris
se acomoda en el lago,
ceremoniosa.

Sonríe el niño
dejando atrás los muros.
Sueño inefable.

En su mirada
pervive la belleza,
la flor y el sauce.

Me gusta ver
el musgo de las piedras
que baña el mar.

Ondas rebeldes.
Pretendida inocencia
finge Lolita.

En el camino
aletean fugaces
las mariposas.

Cristal brillante,
impulso del acero,
pies de gigante.

Desde la orilla,
una garza contempla
irse el verano.

Ratón sentado
medita sobre el queso
con agujeros.

Dentro del templo;
arroz y mandarinas,
vacío eterno.

¡Si estas palabras
fueran hermosas flores
en el jarrón!

Nada me importa
si canta el ruiseñor
mientras paseo.

La ardilla come,
sujeta en las manitas
una nuez fresca.

O leo, o escribo,
o miro los tejados
y soy un gato.

Alguien me espera.
El azúcar es dulce,
ella también.

Con el semáforo
en rojo se complica
mirar al cielo.

ORILLAS DEL GENIL

Le sceptre des rivages roses.

STÉPHANE MALLARMÉ

Orillas del Genil

Prisionero de mi mente abducida,
no fui capaz de ver con ojos propios
la realidad latiendo victoriosa,
y todos mis sentidos perecían

ahogados en cuentos y mentiras
de un poder disfrazado de misterio.
Me engullían deseos insaciables,
la noche con sus lobos de neón.

Pero el agua paciente y milenaria
libró mi ser a orillas del Genil.
Desnudo como un junco me incliné

ante el otro que va siempre conmigo.
Y al fin pude sentir el aire libre,
las náyades nombrándome distinto.

NINFAS Y SOMBRAS

Los juncos son palabras alargadas,
palabras en la orilla de los ríos,
palabras con futuro en las estrellas
y futuro en la piel de tus mejillas.

Palabras derramadas lentamente
sobre el pecho fornido y amoroso,
en la tarde de ninfas y de sombras
que descubría cómo abrir los labios

y el follaje inventaba besos nuevos,
tan dulces como el agua ensimismada
subiendo por los tallos del jacinto

hasta alcanzar el tronco de los sauces,
el brillo atesorado por las hojas
que saludan al aire como amantes.

AMANTES

¿Quién el amor acerca hasta mi lecho
y desata el deseo que me inunda?
¿Quién provoca que un alma vagabunda
retorne a la hermosura de tu pecho?

Ya no hay sabor amargo ni maltrecho,
ni sombra ni temor que me confunda;
solo un deleite nuevo se trasfunda
como savia en los bordes del helecho.

Eterna juventud de los amantes
unidos por la llama del abrazo
que los convierte en fuego inextinguible.

Si el tiempo atravesaron llameantes,
perennes en la fronda del regazo
avivan su pasión irreductible.

EL BESO QUE YO BUSCO

El beso que me mandas por escrito
es un beso de verbo rubricado,
un beso que me das tan despacito
que podría decirse es congelado.

Cuerdo lo quiero y lleno de locura,
un beso que no tenga amanecida,
el beso de tu boca agradecida
al amor por amarnos sin mesura.

Un beso inolvidable es la vida,
el beso que yo busco para darte
y sentir tu sonrisa descendida.

Por tus labios mi boca está perdida,
y empieza a oler a fuente por la tarde
cuando el río te acerca fugitiva.

FRESCOR DE AMANECIDA

No sé lo que ocurrió en aquella fuente
de la que vi brotar un chorro de agua
que ascendía vibrante y melodioso
como el cristal a punto de romperse.

En el borde del chorro nació un lirio,
un lirio que se abría con urgencia
volcando los destellos de su aroma
en medio de la noche y hacia dentro.

La noche fue la nieve derretida,
una palmera sola en el desierto
colmándome de dátiles y lunas.

Y sentí su frescor de amanecida;
la mente como el cielo despejado,
la duda como un pájaro de alambre.

CANTOS DE SIRENAS

But not, my friend, not these I sing.

R. L. Stevenson

CANTOS DE SIRENAS

Pocas cosas importan en la vida:
la alegría que corre por las venas,
merecer a los dioses que nos guardan
y amarnos si es posible cada día;

falaces pensamientos esquivando
olas que, de repente, nos asaltan,
retorcida su fuerte tempestad,
y porfiadas inundan la bodega.

Navegar es faenar en la cubierta,
beberse la ración de ron que toca
—sin olvidar los cantos de sirena—,

lejos del marinero que no quiso
taponarse con cera los oídos
o hacerse atar a un mástil como Ulises.

VIENTOS FAVORABLES

Pervive en la memoria desde siglos
la imagen de aquel tiempo ya pasado,
cuando naves eufóricas zarpaban
intuyendo lejanos paraísos.

El sueño de la costa pretendida
por rutas no fijadas en las cartas,
mientras el mar rugía irremediable
y era un felino añil entre las olas.

Tras numerosos días navegando,
sorpresivas las velas se inflamaban
de exóticos aromas enervantes,

rendidos a la voz que grita «¡tierra!»,
palabra que disfruta bien anclada
en la mente del viejo marinero.

PORTEÑA

Más fina que la sombra es tu figura
moviéndose ajustada cuando pasa,
bellísima porteña, dulce brasa,
por la calle que pisas con soltura.

Tus formas de mujer son travesura
que a cualquiera que rondan sobrepasa,
si pensara en tu cuerpo como nasa,
como red de pasión y de aventura.

Yo me quedo en tus labios mermelada,
con el pastel de un rostro tan perfecto
y la guinda que luce decorada.

No te olvides que soy tu predilecto,
el que sin ti se queda en casi nada,
un goloso perdido en el trayecto.

ALFAGUARA

Ya saben de tu risa las palmeras
y excitada lo cuenta la mandioca,
la mañana presume de estar loca
y te busca corriendo por las eras.

Orgullosas ondean las banderas
en la cúspide más alta y barroca,
y la brisa enloquece si te toca
cuando pisas turgente las aceras.

La plaza se engalana para verte
y festejar la dicha de tu cara;
belleza inagotable, alfaguara,

que salpica, trastorna y se divierte,
segura de encontrar quien avivara
el agua convertida en almenara.

El Hombre Amapola

Llega cantando un son que desconozco,
de extraños puertos viene sorprendido.
Intento averiguar cuál es su nombre,
la razón que le impulsa a conocerme.

A mi mesa se sienta con agrado
y un vaso de buen vino nos bebemos.
Hablamos largamente de sus viajes
por tierras despojadas de caminos.

Reclama mi atención su vestimenta,
la frágil entretela del ropaje,
los colores tan vivos que la adornan.

Él me cuenta y afable yo le escucho,
intrigado por el Hombre Amapola,
como dice mi amigo que le llaman.

CAUNO

Es la fuerza que crece y persevera
y redime la huella del olvido,
haciendo que soñar sea vivido
con esplendor de vida verdadera.

Volver a ser de nuevo el que ya fuera
atravesando el tiempo guarnecido,
en compañía de ese dios dormido,
dormido en el silencio de cualquiera.

Un enigma recrea la pregunta
que socava la mente como yunta
y desvela el oráculo de Fauno.

Venus sobre la orilla larga y triste
de un rayo escalofriante, voraz priste,
desata su melena rubia en Cauno.

DESDE EL JARDÍN

Este cayado en don y esta mi flauta.

Francisco de Aldana

LA HERIDA

Ya sanada tu herida abren las flores,
flores blancas de almendro en tu sonrisa,
jazmines en la noche de tus ojos,
amapolas rugiendo en tus mejillas.

LOS DÍAS DE LA SEMANA

El domingo es un nardo que no quiere estar solo,
y el sábado, la dama o reina de la noche.
El viernes, un narciso mirándose en el río,
y el jueves, cuando el lirio canta a la madreselva.
El miércoles, la flor que tú siempre has querido,
y el martes, una rosa que finge ser espina.
El lunes… la petunia que no sabe de flores.

GIVERNY

Enséñame a pintar la eternidad,
dime cómo se acerca el horizonte
a mis manos repletas de colores
porque llamo a las cosas por su nombre.

¿Escuchas el susurro de pinceles?
¿Y la conversación de los nenúfares
al recibir la esencia de la luz
en el jardín frondoso de Giverny?

Oh, la tarde son pájaros que cantan
recogiéndose en su propio regazo
hasta quedar silentes en la noche.

Casi dormido el puente japonés
descansa en la penumbra del estanque
sabiendo nuevamente que amanece.

ÁRBOLES

Los árboles son seres silenciosos
y antaño fueron niños que crecían
junto a los tibios nidos de las aves,
volando sus raíces por el mundo.

Agitaban las ramas extendidas,
las hojas como plumas en el aire.

Un viaje en las alturas descifrando
sonrisas que no dejan de insinuarse
ocultas en glaciares olvidados,
en el vientre sinuoso de las dunas.

Brisa de otoño

Las hojas en otoño
vuelan entre la brisa,
se extienden en el suelo
delgadas y amarillas.
Dejan desnudo al árbol,
desnudo de caricias.
Tristeza de septiembre
en las ramas vacías.

LLAMARADA

Dormida está la nieve,
dormida sobre el agua,
soñando con jardines,
soñando con la Alhambra.

No quiero que me digas
que no te dice nada,
que no te hace sentir
dentro su llamarada.

Dormida está la nieve,
dormida sobre el agua,
soñando con jardines,
soñando con la Alhambra.

EL MIRLO

Vestido de etiqueta,
el mirlo está cantando
encima de la antena
de un radioaficionado.

Ha volado al jardín
y busca entre la hierba,
debajo de las hojas,
solitario y alerta.

De repente, en su pico
sagaz y anaranjado,
reluce una palabra
con forma de gusano.

SER O ESTAR

A Pepe Bouderé

Resulta que, al final, el mundo es plano,
plano como ese ingenio oracular,
extraplano por vía intravenosa;
plasma suministrado
sin límite de edad.
Ser o estar en el plano.
Resisto y miro al cielo,
huéspedes son los pájaros.
La verticalidad.

La espiral

Quiso la matemática ocurrente
oír la geometría y la cadencia,
escuchar en el árbol la potencia,
el número que ejerce como puente.

Austeridad y estética imponente
asumen por completo la exigencia,
Fibonacci lo puso en evidencia,
la espiral en su giro sorprendente.

Conmueve dinamismo, proporción,
el ritmo de las claves sostenidas,
mientras arde en cenizas el poema

y sus llamas crepitan con razón:
"Si pétalos las rimas escogidas,
 perfume y elegancia el teorema".

LA ESCALERA

Me vi subiendo al árbol majestuoso
para saber qué fruto me llamaba.
No lo hallé entre las hojas ni en las ramas,
se transformó el verdor en escalera.

HOMENAJE A LOPE DE VEGA

Un soneto con temple vario intento
y escribo con pasión, pesar y gozo.
Así de hondo y profundo es este pozo
de agua fresca que brota en el momento.

Pienso que no escribirlo es desaliento,
que apenas el oficio gusto y rozo.
Si latente, vacío todo esbozo,
hallada que celebre dicho invento.

Se trata de vencer a la sirena
resistiendo su infausta melodía
alejada del puro y noble canto.

Permitidme deciros, pues atruena,
si poeta nací, yo lo sería;
no fue el laurel motivo de mi llanto.

DEDICATORIAS

LA VIDA

Para M. R.

La vida es un pañuelo azul de seda
que atesora en sus hilos el recuerdo
del amor que volviese loco y cuerdo
al hallar savia, fronda y arboleda.

Es la faz del dolor dentada rueda
que ofrece libre acuerdo:
hacer que la desdicha afloje el muerdo
a cambio del pesar que adentro queda.

Corre el aire lamiendo el alma herida,
mientras cantan las rosas junto al nardo
un himno de tristeza desasida.

Lucirá sol futuro sin retardo,
antigua la sentencia consabida,
de fuego es la verdad: como tú, yo ardo.

DIBUJO A LÁPIZ

A Felipe

Si la niña que a lápiz me dibujas,
con flores adornándole el cabello
y preciosa inclinando la mirada,
llegase a descubrir cuál es su nombre,

el color de los ojos que la siguen
o el sentimiento que ella me despierta,
serían prescindibles estos versos
porque su voz lo llenaría todo:

el silencio que habita en la belleza,
la sombra en el navío de la luz,
la expresión en el trazo revivida.

Cuando tu genio alumbra el universo
y el azul te pretende enamorado
para aclamar tu oficio y maestría.

COSMOS

A Jesús Martínez Labrador

En el bloque de piedra ves la forma,
su belleza enclaustrada en el cilindro,
y a golpe de martillo la liberas.
Cómo procuran tus dedos el aire,

cómo tus manos la figura suelta
que rompe la distancia y a ti llega
en la noche del cosmos *non finito*.
¿Qué misterio trasciende la mirada

incendiando punteros y cinceles?
¿Quién hace del milagro geometría
desvaneciendo el humo y la pavesa

de la canción que tu memoria afina?
Dime, escultor, si me hiciste de barro
y la vida en mi rostro has modelado

con la fuerza de tus yemas hundidas.

EL INSTITUTO

A Juan Benítez Sánchez

Te recuerdo de traje azul marino,
con tu perfil romano del imperio,
catedrático de Literatura
en un rancio instituto de enseñanza,

en el Pedro Espinosa de Antequera.
Yo entonces escribía dulces versos
a la belleza ingenua de las niñas,
y te hablaba de usted, y te reías

al verme entusiasmado con autores
que desgranabas libremente en clase,
a veces sorprendiendo a los alumnos.

Heraldo de las musas y las ninfas,
porque también el fuego has encendido
entre amigos, lectores y poetas.

SOLEDADES

Para B. M.

El gorjeo de mil tiernos gorriones
me avisa de que hay fiesta en el tejado,
mientras ando en el claustro ensimismado
recitándome versos y canciones.

Son de Pedro Espinosa los renglones
donde mi alma y mi cuerpo se han sellado,
uniéndose a un destino floreado,
perpetuo de difíciles pasiones.

Mas el vuelo ligero al que me invita
es propio del roquero solitario,
y siento que volar es acercarme.

Soy poeta ante todo, no eremita,
ni tampoco de amigos adversario,
y busco soledad para encontrarme.

DRÁCULA

A Francisco J. Molina, que me presentó
a Drácula en el cine de verano Delicias.

De noche y por caminos solitarios
viaja extenuado el príncipe sin alma.
Cuatro caballos tiran del carruaje,
cuatro sombras galopan hacia Londres.
Perdida entre abedules se levanta
la mansión del señor de las tinieblas.

No puede ver su rostro en el espejo,
la expresión de inmortal melancolía,
la palidez desnuda de los labios.
Y encarnado en un cuerpo diferente,
todo su ser camina inadvertido
atravesando estancias y murales.

En el salón contiguo a la escalera,
una joven aguarda sigilosa
queriendo aparentar cierta desgana.
Por el olor a sangre impacientado
el nácar del vampiro resplandece.
Madame, Monsieur: la cena está servida.

Índice

Prólogo 11
Prefacio 13

AZULADA SAL 15
Arte poética 17
Cantaba primorosa una amapola 18
Atardeceres rojizos 19
Inmerso en recuerdos 20
Puntos suspensivos 21
Mu 22
La cornucopia 23
Posgótica 24
Escala 25
En la noche de un túnel infinito 26
Luna en Granada 27
Paradero desconocido 28
Fruta nueva 29
Las palomas 30
Azulada sal 31

TRANSPARENTE CELOSÍA 33
[No te ciñan estas palabras] 35

[Encendida oscuridad geométrica]............................36

[Allí arriba, flotantes]..37

[En su visita a la ciudad]......................................8

[Diminutas motitas danzan]..................................39

[El deshielo dejó escapar]......................................40

[¡Oh, Claridad, cómo te mueves!]..........................41

[Apareces en mí silenciosa]....................................42

[Captas, vibrante invisible]....................................43

[Alta sensación, la sorpresa]..................................44

MARE..45

[Qué feliz el niño]..47

[Intentando coger el mar con las manos]................49

[Mar, tú no eres una sola ola, mar]........................50

[Mujer, mar]..51

[Los mares cerrados. Él llega a nadie y decide]........52

[Unas manos modeladas]..53

[La luz es la farola]..54

[Flotando ligeramente, espuma, aire]......................55

AHORA QUE NADIE NOS VE............................57

[Parecen caer gotas del cielo de los hombres]..........59

[Una hoja de hierbabuena]....................................60

[Este mediodía, el jardín]......................................61

[Te amo más que a mi almohada o isla tierna]........62

[Sosegado está el mármol esta noche de verano]......63

ELEGÍA A VICENTE NÚÑEZ 65

HAIKUS 69

ORILLAS DEL GENIL 89
    Orillas del Genil 91
    Ninfas y sombras 92
    Amantes 93
    El beso que yo busco 94
    Frescor de amanecida 95

CANTOS DE SIRENAS 97
    Cantos de sirenas 99
    Vientos favorables 100
    Porteña 101
    Alfaguara 102
    El Hombre Amapola 103
    Cauno 104

DESDE EL JARDÍN 105
    La herida 107
    Los días de la semana 108
    Giverny 109
    Árboles 110
    Brisa de otoño 111
    Llamarada 112

El mirlo 113

Ser o estar 114

La espiral 115

La escalera 116

HOMENAJE A LOPE DE VEGA 117

DEDICATORIAS... 121

La vida.. 123

Dibujo a lápiz 124

Cosmos 125

El instituto... 126

Soledades... 127

Drácula... 128